詩篇心禱

用最真實的自己
面對上帝

從詩篇學禱告的12堂課

畢德生 著／黃大業 譯

▼

靈修著作精選

詩篇心禱：用最真實的自己面對上帝

從詩篇學禱告的 12 堂課

Psalms: Prayers of the Heart

(A LifeGuide Bible Study)

作者
畢德生 Eugene H. Peterson

譯者
黃大業

責任編輯
余雪

裝幀設計
奇文雲海・設計顧問

■

出版 / 發行
基道出版社
香港沙田火炭坳背灣街 26 號富騰工業中心 10 樓 1011 室
LOGOS PUBLISHERS
Unit 1011, 10/F, Fo Tan Ind. Centre, 26 Au Pui Wan St., Shatin, Hong Kong
電話：(852) 2687-0331　傳真：(852) 2687-0281
網址：https://www.logos.com.hk

承印
陽光（彩美）印刷有限公司

●

10/2019 初版
Cat. No. LP673
ISBN: 978-962-457-593-4
Originally published by InterVarsity Press as
Psalms: Prayers of the Heart (a LifeGuide Bible Study) by Eugene H. Peterson.

刷次	10	9	8	7	6	5	4	3		
年份	2032	2031	2030	2029	2028	2027	2026	2025	2024	2023

目錄

詩篇拾珍

人觀看鏡子，是為看清自己的容貌；讀詩篇，是為發現自己是誰。鏡子是察看外表的好工具；詩篇是我們藉著聖經檢視自己的好方法。藉著鏡子，我們找到新皺紋、舊疣子；我們在剃鬚或化妝時看鏡子，為求以最佳面目示人。藉著詩篇，我們體味古老的哀愁，迸發潛藏的喜悅；藉著詩篇，我們盡心盡意盡力進到上帝跟前。鏡子可以映照鼻子的形狀、下巴的曲線，不然我們只能靠別人描述它們的模樣。詩篇讓人看見自己靈魂的狀況、犯罪的軌迹，就是深藏心底的實相——原本隱而未現，亟待我們關注。

詩篇：詩歌與禱告

詩篇既是詩歌，又是禱告。我們必須時刻緊記這兩個特點。假如忘卻任何一個特點，詩篇就不但會被誤解，更會被誤用。

詩歌是精煉的字句。很多人以為它是裝飾性言論，但它不是。詩人將我們的眼睛、耳朵錯過的東西告訴我們——這些東西在我們周圍，也在我們裏面，但有時眼睛看得太多，耳朵聽得太多，以致我們無法察覺它們。詩人用文字拖帶我們進到現實的深處——並非匯報生命的表象，而是又推又拉地將我們帶進生命核心。詩歌直指存在的軸心。詩歌根本不是裝飾性言論，而是肺腑之言、根本之言。詩歌的重點，不是告訴我們一些未知之事，而是指示我們要留心那些潛藏的、被忘卻、被忽略的東西。詩篇幾乎都是這種語言。知道了這個特點，我們讀詩篇的主要目標，就不會是尋找關於上帝的概念，或道德行為指引。取而代之，我們的目標應該是期待自己向上帝赤露敞開，以求明白受造為人的真義。

禱告是人與上帝溝通的語言，讓人可以在上帝跟前，述說心中所感、所想、所求。上帝向我們說話，我們的回答就是禱告。所謂回答，不一定條理分明 —— 沉默、歎息、呻吟，都可以是回答。而上帝總是參與其中，不論環境幽暗或光明，不論我們滿心相信或滿懷沮喪。禱告是難以掌握的事，我們的習慣，是**談論**上帝，而不是與上帝**交談**。我們喜歡談論上帝，但詩篇不容許這樣的談論。詩篇不為教導我們關乎上帝的事，而為訓練我們回應上帝。直到我們以詩篇為禱告，才算從詩篇學到功課。

正是這兩個特點 —— 詩歌與禱告 —— 令查考詩篇變得既精采，又困難。它既是**詩歌**，就要求我們坦誠面對自己的真實人性 —— 每字每句透穿外表的虛飾與假裝，直指要害與核心；相對而言，我們日常使用的散文體裁比較鬆散，使我們更自在。它又是**禱告**，要求我們坦誠面對上帝 —— 這位上帝務要徹底更新我們的生命，不會降低要求；惟我們寧可輕輕鬆鬆談談宗教議題就夠了。

詩篇其中一個結構特色，有助我們記住這兩個特點。詩篇可分為五卷：四十一篇、七十二篇、八十九篇、一〇六篇、一五〇篇的尾句是同一格式，顯示它們為結語。因著這五個小結，英譯本聖經將詩篇分為五卷，一篇至四十一篇為卷一，四十二篇至七十二篇為卷二，七十三篇至八十九篇為卷三，九十篇至一〇六篇為卷四，一〇七篇至一五〇篇為卷五。

這「五卷」的編排，呼應聖經的頭五卷，亦即深印我們心中的「摩西五經」。既有摩西五經，又有「大衛五卷」，就像兩人握手問安時，五隻手指與另外五隻手指緊握。藉著摩西五經，上帝以祂的話召喚我們，創造我們，拯救我們；藉著大衛五卷，我們親自向上帝的呼喚作出回應。

回答上帝

禱告就是回答。除非我們作出回答，不然上帝的道尚未全然完工。我們所有的回答都是禱告。詩篇訓練我們以這種回應的言說、言語答話——對上帝的創造與拯救作出回應。上帝的話針對我們的生命而發出。

我們面對上帝的道，最慣見的方式是發問：上帝有甚麼話要告訴我？這是閱讀聖經時幾乎準沒錯的問題。但就詩篇而言，問題是：面對向我說話的上帝，我應該怎樣回答？

我們透過詩篇所學習的，主要不是上帝**告訴**我們甚麼，而是我們要怎樣誠實地、敬虔地、忠信地**回答**上帝告訴我們的話。大家試回想我們是怎樣學會回答父母、師長、雇主、朋友的？我們需要學習與練習！面對上帝也是同樣道理，但我們疏於練習。詩篇教導我們怎樣回答上帝的話。因此，面對詩篇，與面對聖經其他經卷，我們必須持不一樣的心態與思維——我們是學習**禱告**，不是研習詩篇，雖然學習與研習，是關係密切的事。

詩篇共有一百五十篇，它們是在甚麼背景中寫就的，我們幾乎一無所知。大衛是最常被提及的作者，但大多數詩的作者，都是匿名的。不過這都不重要，因為詩篇提及的人生景況，不關乎地域或文化，而關乎**內心**。加爾文（John Calvin）說詩篇是「靈魂的全面解剖透析」。

人所能感受與經驗到關乎上帝的一切，詩篇都有觸及。這些詩是你探究人生順逆得失、喜怒哀樂的最佳平台，讓你反思自己是誰、你的內心世界充滿甚麼——罪疚？憤怒？得救？讚美？——然後將之告訴上帝——祂愛你、審判你、藉耶穌基督拯救你。本書共有十二課，期望引領你進入人生的十二個內心狀況，讓你在上帝跟前坦誠無阻。

個人查經的注意事項

1 開始每課之先，務向上帝祈禱，求上帝藉著祂的道向你說話。

2 細讀每課的引子，回應「個人反思」的問題或練習。這部分是為幫助你專注在上帝及查經主題上。

3 每課專注於某段經文，因此你可以在那段經文的語境中細究作者的意思。要再三細讀經文。你若要研習某一卷，最好在首次查經前先讀完整卷一遍。每課問題的用詞是按 NIV 的用詞，所以你應使用 NIV，你也可以使用 NRSV（譯註：中譯本採用的聖經譯本為《新標點和合本》）。

4 本書採用歸納式查經法，為幫助你自行發現聖經說的是甚麼。這查經法包括三類問題：**觀察類**問題，當中問的是基本事實：誰？甚麼？何時？哪裏？怎樣？再來是**詮釋類**問題，有助你細究經文的意思。最後是**應用類**問題，為幫助你發掘經文對你在基督裏成長有何引伸意義。這三條鑰匙，有助你打開聖經珍寶的大門。

你可以將問題的答案寫在書中空白位置，或記在筆記本。寫下來有助釐清思想，加深對自己和上帝真道的了解。

5 預備聖經辭典在案頭，隨時查考陌生的詞語、人名、地名。

6 「祈禱」部分是為指引你向上帝感恩——為所學到的功課，亦求上帝加力，讓你能夠學以致用。

7 你可在該課完成「延伸練習」，亦可將它當作下一課的備課材料。

小組查經的注意事項

1 出席查經聚會之先要做好預備。要依循上述有關個人查經的指示。你會發現預備得夠細心，就能令小組討論的內容更豐富。

2 要樂意參與討論。組長不應長篇大論，而應該鼓勵組員討論學習心得。組長要與組員討論書中列出的問題。

3 討論時不要離題。你的答案要基於該課的討論經文，而不是經文以外的權威如註釋書或學者。每課應集中於某段經文，如非必要，應盡量避免牽涉另一段經文，好使每個組員能在同一段經文中進行詳盡的討論。

4 要專注於其他組員的發言。聆聽別人的學習心得，可能會大得意料之外的啟迪！本書的問題沒有標準答案，很多問題都沒有「正確」答案，尤其那些關乎解釋或應用的問題。相反，問題的設立，是為催促我們深入探究經文。

可以的話，盡量回應別人的想法，要對組員作出肯定，這樣可以鼓勵較被動的組員參與討論。

5 切忌霸佔討論。我們有時太想表達自己的想法，令別人沒有機會回應。要努力投入討論，但同時給別人投入的機會。

6 要期待上帝藉著該課經文及其他組員教導你。求上帝賜小組一個愉快又有益的聚會，也求上帝使你們在聚會後能夠將學習所得付諸行動。

7 緊記在小組聚會所分享的一切，都要保守祕密，切勿讓其他人知道——除非得到確實的允許。

8 如果你是組長，本書最後部分有〈組長指南〉，請參閱。

1 詩一篇　將分心帶進禱告

家庭責任。交差期限。求學目標。家居保養。每天的注意事項何其紛繁，這還沒有將大眾傳媒的雜訊包括在內。我們大多數人，都不能即時從一個喧鬧刺激的世界抽離，投入安靜專心的禱告。

小組討論：當你開始禱告時，最常使你分心的思想或憂慮是甚麼？

個人反思：開始本課前，請清空你的心思。安靜坐下片刻。有思想或憂慮在腦海中出現嗎？記下這些思想或憂慮。求上帝幫助，讓你專注於祂想你學習的功課。

嚴格而言，詩篇一篇不是禱告，而是禱告的引言。我們不是以禱告來開始禱告，而是以專注來開始禱告。在詩篇一篇，聖經教導我們如何預備一個禱告生命（a life of prayer）。它按部就班地幫助我們脫離那令我們分心的活動和言語，以致能夠專注在上帝跟前。詩篇一篇就像引領我們前去禱告之所的入口通道。**細讀詩篇一篇**。

1 不從惡人的計謀，
不站罪人的道路，
不坐褻慢人的座位，
2 惟喜愛耶和華的律法，
晝夜思想，
這人便為有福！
3 他要像一棵樹栽在溪水旁，
按時候結果子，
葉子也不枯乾。
凡他所做的盡都順利。

[4] 惡人並不是這樣，
乃像糠秕被風吹散。
[5] 因此，當審判的時候，惡人必站立不住；
罪人在義人的會中也是如此。
[6] 因為耶和華知道義人的道路；
惡人的道路卻必滅亡。

1 你在本詩留意到甚麼對比？

2 本詩首個形容詞是**有福**（有譯本譯為**快樂**）。這為我們的禱告生命帶來甚麼期盼？

3 從**走**（譯註：《新標點和合本》中的「從」，原文是「走」的意思）到**站**到**坐**（1 節），你覺得這進程有甚麼特別意義？

4 與「耶和華的律法」形成對比的字眼是**計謀**、**道路**、**座位**。這對比帶出甚麼信息？

5 詩人描述了**喜愛**上帝律法的人（2 節）。你對聖經的感受是甚麼？不是你**信**它甚麼，而是你對它有甚麼**感覺**？

6 本詩的核心意象是**樹**（3 節）。請運用想像力：喜愛上帝律法的人，與樹有何相似之處？

7 惡人與糠秕，有哪些相似之處（4～6 節）？

8 這兩個截然不同的描述（義人像樹，惡人像糠秕），怎樣激發你喜愛上帝的道？

9 在你的「現實生活」（職場、學校、家庭）與「禱告生活」

之間，有沒有一段距離（以至一道鴻溝）？詳述之。

10 默想——藉著聖經聆聽上帝向我們說話——可以怎樣幫助我們禱告？

11 你會怎樣將「默想上帝的真道」融入生活？

12 有些禱告是情不自禁的——感恩的心聲、痛苦的呼喊；有些禱告是例行的——謝飯、公禱。然而，禱告**生活**需要下工夫操練「專注」。不同的人需要不同的操練**方法**。你會怎樣按照你的實際環境與靈命程度，形塑一套「默想」方法？

向上帝禱告，求祂幫助你持守默想與禱告的操練。

延伸練習

詩篇一一九篇是操練默想的絕佳經文，你可以從中選出一部分，用作本週禱告的反思材料。

本課指引和建議

目　標：學習做好禱告的預備工夫。

概　要：禱告之所以困難重重，很多時候是因為欠缺預備工夫。詩篇——我們學習禱告之處——為我們提供足夠的時間，做好禱告的預備工夫。禱告培養並發掘我們最好的狀態，這一切是在我們與上帝的關係中進行的。訣竅是不能趕急，預備工夫要從容地進行。

小組討論：每課開始時都有討論問題，為熱身之用，讓大家互相認識，亦引領大家思考該課主題。須注意在完成這部分之前，不要讀出該課經文，因為組員在得知聖經的說法之前回應問題，分享會更真誠，這有助他們發現自己的思想或態度需要改變的地方。

個人反思：這些問題是為個人查經之用。不過你若是組長，也可考慮在聚會時花幾分鐘時間，讓組員安靜思考這些問題的答案。

問題 3：假若組員看不出這個進程的意義，你可以指出這三個動詞是從動態變成靜態，最後是「因循守舊」。

問題4： 禱告之先，要除掉來自家庭、學校、社會的聲音，專注於**上帝**在當下告訴我們的話。

問題5： 為引發討論，可從負面感受開始。很多人覺得讀經是一個沉悶、充滿困惑、不確定的過程，這些感受是必須承認、面對的，否則所謂對上帝律法的「喜愛」不過是強迫、偽裝的。

問題7： 部分組員可能不知道糠秕是甚麼，你可以簡略解釋：在打穀後，穀物無用的部分（穀衣及其他碎屑）與穀穗會分開。古時的方法是將穀物放在簸箕裏，然後在風中揚起簸箕；糠秕是輕的，會被風吹走，較重的穀穗會留下來。

這是隱喻：糠秕比喻不值得留下之物，要被火燒燬——無論是上帝的仇敵（出十五7；民一20）還是背道的以色列（賽五24）、被撒但擄去的信徒。這是施洗約翰所用的意象，他提到耶穌「手裏拿著簸箕要揚淨他的場，把麥子收在倉裏，把糠用不滅的火燒盡了」（太三12；路三17）。

（Leland Ryken et al., eds., *The Dictionary of Biblical Imagery* [Downers Grove, IL: InterVarsity Press, 1998], 136）

問題 10： 基督徒向來視禱告為「兩部曲」的其中一部——上帝藉聖經向我們說話，我們藉禱告回答上帝的話。緩慢而從容地「聆聽—閱讀」聖經，是預備禱告的必需工夫。

2

詩二篇　將畏縮帶進禱告

我們每天起牀後走進的世界，是狂傲吵鬧、暴力肆虐、金錢掛帥的天地。怎樣可以不受威嚇？在政權、軍隊、財閥的腳下，禱告有甚麼用？假如上帝袖手旁觀，禱告就毫無用處；不然的話，禱告就至關重要。

小組討論：與組員同看今天的報章或本週的新聞雜誌，當中有甚麼事件尤其令你不安？為甚麼？

個人反思：近日你從新聞報章得知甚麼壞消息？為那些令你不安的事件禱告。

詩篇二篇與詩篇一篇同樣是詩篇的引子，裝備我們去禱告。本詩引領我們在個人層面和政治層面禱告。上帝不僅在個人範疇作工，也在公共領域作工，所以兩者都需要我們為之禱告。**細讀詩篇二篇**。

1 外邦為甚麼爭鬧？
萬民為甚麼謀算虛妄的事？
2 世上的君王一齊起來，
臣宰一同商議，
要敵擋耶和華並他的受膏者，
3 說：我們要掙開他們的捆綁，
脫去他們的繩索。

4 那坐在天上的必發笑；
主必嗤笑他們。
5 那時，他要在怒中責備他們，
在烈怒中驚嚇他們，
6 說：我已經立我的君

在錫安—我的聖山上了。

7 受膏者說：我要傳聖旨。
耶和華曾對我說：你是我的兒子，
我今日生你。
8 你求我，我就將列國賜你為基業，
將地極賜你為田產。
9 你必用鐵杖打破他們；
你必將他們如同窰匠的瓦器摔碎。

10 現在，你們君王應當省悟！
你們世上的審判官該受管教！
11 當存畏懼事奉耶和華，
又當存戰兢而快樂。
12 當以嘴親子，恐怕他發怒，
你們便在道中滅亡，
因為他的怒氣快要發作。
凡投靠他的，都是有福的。

1 經文中有甚麼關鍵的名詞與動詞，令人聯想到本詩的政治取向？

2 你覺得有責任為國家、社會、文化——正如為自己、朋友、教會——禱告嗎？詳述之。

3 試對比詩篇一篇篇首與詩篇二篇篇末，兩者同樣提到**有福**，這有甚麼含義？

4 詩篇一篇 2 節中的**思想**（meditate）與詩篇二篇 1 節中的**謀算**（plot），在希伯來文是同一詞。這詞在上述兩段經文中的用法有何不同？

5 主耶和華怎樣看待自吹自擂的列邦權勢（4～6 節）？主的態度與你看新聞事件的態度有何異同？詳述之。

6 2 節的「受膏者」，就是希伯來文的**彌賽亞**、希臘文的**基督**。本詩有何地方令你聯想到耶穌？

7 按照基督信仰傳統，本詩是復活主日的公禱文。它有甚麼內容是尤其適合這場合的？

8 本詩的起首與結尾，都提到世上的君王與掌權者（2～3、10～12 節）。他們與耶和華所立的君（6 節）有何關係？

這對我們的禱告方式有何影響？

9 為個人需要禱告，總比為政治時局禱告容易，不過詩篇二篇全然關乎政治。既如此，身為地上某國的國民，同時又活在基督的國中，我們有甚麼責任？

為三位你覺得尤其需要上帝指引的掌權者(可以是總統、國王、總理、獨裁者)禱告。

延伸練習

花時間查考你代禱的掌權者的生平與作為，以便知道如何繼續為他們禱告。

本課指引和建議

目　標：　預備禱告——將我們身處的世界置於上帝的主權下。

概　要：　我們經常遭受世界威嚇，因為它似乎不受信仰生命管制。因此我們將禱告化為私人操練，而且只專注個人德行。我們必須將禱告化為關注世界權勢的操練。

小組討論：預備一些剪報，或預先通知組員各自預備剪報。

問題 2：　另一個問這問題的方式是：「剛才大家討論的新聞，會否驅使你迫切禱告，就像你聽聞朋友患了癌症，或自己遇上危機或家庭問題？為甚麼會或不會？」

問題 4：　「思想」須具備熱忱與專注，而不是只跪著發白日夢。世人經常共謀敵擋上帝，然而教會裏有與之相應的與上帝「共謀」嗎？查理士威廉士（Charles Williams）在他的小說《來崇揚夏娃》（*All Hallows' Eve*）中有這麼一句：「殘酷的目標，總快於含糊的同情。」與政客的計謀相比，你為世界得救所作的「共謀／思想」，有他們的熱忱嗎？

問題 5： 假如組員不知從何說起，可以指出一個事實：也許我們將邪惡的政治權勢看得過高過強了，因此憂慮過度。也許對政治保持少許嘲諷態度，更合乎聖經教導。

問題 7： 耶穌復活是上帝的凱旋——上帝的受膏者，勝過強大的羅馬，還有以色列的敵擋。

問題 8： 人很容易將基督的管治限於靈魂的範疇。試討論耶穌那些明顯的政治主張（祂的政治**目標**是人們共同生活在和平與正義之中）。你要學會分辨，上述政治目標，與政治**手段**如戰爭與法制有所不同。

延伸練習：邀請組員談論除自己國家以外特別感興趣的國家。為甚麼感興趣呢？邀請大家立志，為那些國家及其國民禱告，並於日後分享感受。

可以另約時間，一起為上述國家禱告。邀請各人準備一些關於那些國家及其領導人的資料。在網站 *Operation World* 上可找到豐富的禱告資料。

3

詩三篇　將禍患帶進禱告

禱告始於一個醒悟：我們不能自救，所以要向上帝求救。「救命啊！」是最原始的禱告。我們都歷經禍患，而且是極大的禍患。如果上帝幫不了忙，我們就必失喪！如果上帝幫得了忙，我們就必得救！如果我們不知道自己需要幫忙，禱告就不過是可有可無之事，關乎感覺與禮數而已。但當我們知道自己落入禍患中，禱告就是生死攸關的事了。

小組討論：過去一週，你面對的最大禍患是甚麼？你向誰求助？你得到幫助了嗎？

個人反思：回想某一次上帝幫助你的經歷，獻上感恩的禱告。

詩篇三篇是詩篇的首篇禱文。詩篇一篇和詩篇二篇為我們的禱告做準備，詩篇三篇才是禱告。本詩寫於大衛逃避兒子押沙龍的逼迫之時。其時押沙龍發動叛變，與大衛對抗，雙方在一場大戰中共死了兩萬人。後來押沙龍戰死：「押沙龍騎著騾子，從大橡樹密枝底下經過，他的頭髮被樹枝繞住，就懸掛起來，所騎的騾子便離他去了」（撒下十八9）。**細讀詩篇三篇**。

1 耶和華啊，我的敵人何其加增；
有許多人起來攻擊我。
2 有許多人議論我說：
他得不著上帝的幫助。（細拉）

3 但你—耶和華是我四圍的盾牌，
是我的榮耀，又是叫我抬起頭來的。
4 我用我的聲音求告耶和華，
他就從他的聖山上應允我。（細拉）

5 我躺下睡覺，我醒著，
耶和華都保佑我。
6 雖有成萬的百姓來周圍攻擊我，
我也不怕。
7 耶和華啊，求你起來！
我的上帝啊，求你救我！
因為你打了我一切仇敵的顋骨，
敲碎了惡人的牙齒。
8 救恩屬乎耶和華；
願你賜福給你的百姓。（細拉）

1 大衛這詩很明顯可分為五段：1 至 2 節、3 至 4 節、5 至 6 節、7 節、8 節。試用一個詞語或片語，為每一段命名。

2 你從這五個分段，看出一個怎樣的進程？

3 大衛在 1 至 2 節描述了他的仇敵。你曾因遭受人事的威嚇而不知所措嗎？請分享一個例子。

4 **幫助／救／救恩**（deliver/deliverance）是本詩的鑰詞之一。你從本詩數次提及這些字眼，學到關乎拯救的甚麼特質？

5 本詩描述了上帝的甚麼作為？你心中的上帝向來是這樣的嗎？詳述之。

6 本詩描述了大衛的甚麼行動？當你落入禍患，你的反應與大衛有多相似？

7 本詩的「情緒軸心」（emotional center）記在5節。反思這一節，考究它的意義。我們在睡覺時，其實在做甚麼？上帝在做甚麼？

8 你如今落入甚麼類型的禍患中？

9 本詩可以怎樣幫助你將禍患帶進禱告？

與上帝談論那些正在困擾你的禍患。

延伸練習

從詩篇三篇選出一個意象或片語，用它來幫助你將禍患帶進禱告。本週七天都這樣做。

本課指引和建議

目　標：　探究我們生命中需要向上帝「求助」的時刻，並以詩篇三篇為指引，學習如何向上帝求助。

背景資料：你若對押沙龍的叛變不熟悉，可讀撒母耳記下十五至十八章作為備課。

小組討論：我們的社會鼓勵人自給自足，大部分人視求助為軟弱的表現，因此很多時候只會暗中向人求助，甚或索性不向人求助。討論一下人們在上述社會氛圍中，對求助有甚麼感受。

問題 3：　談論威嚇我們的「事」，比談論威嚇我們的「人」容易。承認自己有仇敵，不是甚麼「好」事。若有需要，可提醒組員：耶穌沒有說我們不會遇見仇敵，而是說我們要為仇敵禱告。對「仇敵」有所覺察，乃是禱告所必需。

問題 4：　**救恩**（deliver）有幾個同義詞，最常見的是拯救（save）。但有時這些詞語只被限於描述關乎靈魂得救的永生。請擴闊小組討論的視野，讓組員盡量發揮想像力，一起數算上帝的無限作為。

問題 5： 注意本詩 3、4、5、7（詩人向上帝求助）及 8 節提及的行動。

問題 6： 注意本詩 4、5 節提及的行動。在 7 節，我們看見詩人求告上帝。在 8 節，詩人宣告自己相信上帝會前來救他。

問題 8～9：你若覺得組員在全組人面前未必有勇氣回答問題 8，可將大家分為兩三個人的組合處理這些問題，並彼此代禱。

禱　告： 花時間彼此代禱，可以全組進行，或分成兩三個人的組合。聚會後將各人的需要整理表列——這是未來一週的代禱事項。

4 詩八篇 將創造帶進禱告

禱告是定向行為。當我們能夠察覺自己在哪裏，就會開始發現自己是誰。迷失方向是可怖的經驗。若找不到自己的位置，就會陷入迷惘與焦慮；我們亦會身陷險境，因為容易做出錯誤的行為。如果身陷敵陣而不自知，可能會喪失性命。如果有朋友相伴而不自知，可能會錯失美好關係。如果站在懸崖邊而不自知，可能會失足墮下。

小組討論：你試過在旅行途中一覺醒來，忘卻自己身在何方嗎？睡牀是陌生的，房間也看不慣。你認不出眼前的一切。迷失，是怎樣的感覺呢？

個人反思：我們專注於上帝，就能找到人生方向。上帝一直以來怎樣指引你的人生？

當我們以詩篇八篇為禱文，就能找到自己在哪裏，並明白關乎自己身分的幾個重要層面。**細讀詩篇八篇**。

1 耶和華─我們的主啊，
你的名在全地何其美！

你將你的榮耀彰顯於天。
2 你因敵人的緣故，
從嬰孩和吃奶的口中，
建立了能力，
使仇敵和報仇的閉口無言。

3 我觀看你指頭所造的天，
並你所陳設的月亮星宿，
4 便說：人算甚麼，你竟顧念他！
世人算甚麼，你竟眷顧他！

5 你叫他比天使微小一點，
並賜他榮耀尊貴為冠冕。
6~8 你派他管理你手所造的，
使萬物，就是一切的牛羊、
田野的獸、空中的鳥、海裏的魚，
凡經行海道的，都服在他的腳下。

9 耶和華—我們的主啊，
你的名在全地何其美！

1　留意首句與尾句。這兩個首尾呼應的句子有何重要意義，讓我們在細看本詩內容之先，就已經有所啟迪？

2 細讀本詩，留意上帝造出的每事每物。這一切怎樣彰顯上帝的榮耀？

3 本詩對你的看法，與你對自己的看法，兩者有何異同？

4 你認為在 2 節中，詩人何以將「嬰孩和吃奶的」所說的，與「仇敵和報仇的」所說的作對比呢？

5 郎尼根（Bernard Lonergan）說過，動物無所事事就會睡覺，人無所事事就會發問。在本詩大約正中位置的問題（4 節），是甚麼類型的問題？這問題需要甚麼類型的答案？

6　有甚麼證據讓我們知道：上帝眷顧我們？

7　本詩 5 節論到我們在受造物當中的**位置**，這跟非聖經權威（nonbiblical authorities）對我們的定位有何異同？

8 本詩 6 節論到我們有**責任**管理受造物。你在甚麼事上感覺到或感覺不到自己對周遭環境負有責任？

9 本詩提到我們有責任管理六樣受造物（7～8 節）。請列出另外六樣你認為我們有責任管理的東西。

10 「管理」與「服在他的腳下」（6 節），都可以被扭曲為剝削與掠奪的藉口。本詩提到甚麼，可以制約這種扭曲？

11 你需要作出甚麼調整，才能用上帝看你的方式去看自己？

本詩以讚美作結，正如它以讚美開始。向上帝禱告，讚美祂，以本詩為讚美上帝的基礎。

延伸練習

讓本詩啟迪你，在萬有的創造中讚美上帝。到戶外去，為所見的一切稱謝上帝。

本課指引和建議

目　標：為自己定位 —— 由上帝創造的受造物，住在上帝創造的受造界當中。

概　要：聖經花了許多篇幅描述一個背景，就是我們生活作息的環境。這環境統稱為「受造界」。今日文化的身分問題是「我是誰？」。有意思的是，亞當在伊甸園被上帝問的首個問題是「你在**哪裏**？」。似乎上帝對我們的地理，比對我們的心理更感興趣。地理，關乎創造。

小組討論：本課鼓勵組員突破個人的答案，進而探究社會的觀點。社會視敬拜上帝為拜偶像，又對人性持化約論（reductionist view），這怎樣導致我們對人性的定位出現混亂情況？

問題 1：禱告令我們將注意力放在上帝上，祂是實存（existence）的整個背景。每事每物 —— 萬有的創造 —— 都離不開這背景，萬物都因「你的名」而出現。

問題 3：這問題讓你首度以本詩的視點去思考自己是誰。

其後的問題將逐步深入考究本詩怎樣定義我們的人性。本課最後問的問題，引導我們思考應該怎樣改變自我形象。

問題 6： 基督教傳統常將本詩的**眷顧**與「道成肉身」扣連。

問題 9： 一些敵視基督信仰的環保人士常指摘聖經及基督徒對土地極其剝削，與其他族羣——例如美洲印第安人——對土地的敬畏尊崇，不可同日而語。組員的經驗是甚麼？是否覺得自己也無法開脫這種嫌疑？

問題 11： 有人自覺「比天使尊貴一些」，有人自覺「比田野的獸微小一些」。這都是過猶不及，必須糾正。我們改善或校正自我形象的方法，不是多照鏡子或多作內省，而是藉著禱告。鼓勵大家以本詩為禱文，使我們的自我形象符合上帝的形象。

5

詩五十一篇　將罪帶進禱告

我們是上帝「美好的」創造，這是基本事實（詩八篇）；另一個同樣基本的事實，是我們墮落了。我們將罪帶進禱告，以認識自己的本相，並發現上帝怎樣對待罪人。我們對罪的體驗，不在於做過壞事，而在於我們是壞人。這是我們存在的根本狀況，不是偶爾的閃失。將罪帶進禱告，不是立志從此不再犯罪，而是從中發現上帝定意如何對待我們這些罪人。

小組討論：在我們的社會，「罪」已成為不受歡迎、極少被人使用的詞語。你認為這是出於甚麼原因？

個人反思：你對自己的罪，有多願意坦然承認？若從一到十分為十級，你覺得自己在第幾級？你評級的根據是甚麼？本詩的副題提到這禱告的背景，是大衛與拔示巴通姦（撒下十一～十二章）。**細讀詩篇五十一篇**。

1 上帝啊，求你按你的慈愛憐恤我！
按你豐盛的慈悲塗抹我的過犯！
2 求你將我的罪孽洗除淨盡，
並潔除我的罪！

3 因為，我知道我的過犯；
我的罪常在我面前。
4 我向你犯罪，惟獨得罪了你；
在你眼前行了這惡，
以致你責備我的時候顯為公義，
判斷我的時候顯為清正。
5 我是在罪孽裏生的，
在我母親懷胎的時候就有了罪。

6 你所喜愛的是內裏誠實；
你在我隱密處，必使我得智慧。
7 求你用牛膝草潔淨我，我就乾淨；
求你洗滌我，我就比雪更白。
8 求你使我得聽歡喜快樂的聲音，
使你所壓傷的骨頭可以踴躍。
9 求你掩面不看我的罪，
塗抹我一切的罪孽。

10 上帝啊，求你為我造清潔的心，
使我裏面重新有正直的靈。
11 不要丟棄我，使我離開你的面；
不要從我收回你的聖靈。
12 求你使我仍得救恩之樂，
賜我樂意的靈扶持我，

13 我就把你的道指教有過犯的人，
罪人必歸順你。

14 上帝啊，你是拯救我的上帝；
求你救我脫離流人血的罪！
我的舌頭就高聲歌唱你的公義。

15 主啊，求你使我嘴唇張開，
我的口便傳揚讚美你的話！
16 你本不喜愛祭物，若喜愛，我就獻上；
燔祭，你也不喜悅。
17 上帝所要的祭就是憂傷的靈；
上帝啊，憂傷痛悔的心，你必不輕看。

18 求你隨你的美意善待錫安，
建造耶路撒冷的城牆。
19 那時，你必喜愛公義的祭
和燔祭並全牲的燔祭；
那時，人必將公牛獻在你壇上。

1 在大衛的這篇禱文中，哪些是罪的近義詞？我們會怎樣描述自己討厭自己的地方？這揭示了罪的甚麼特質？

2 基督徒都知道自己有罪，既然如此，為何我們面對某些罪會特別難受？

3 詩人祈求上帝怎樣處置他這個罪人？（列出所有動詞。）

4 假如我生來就是罪人（5 節），罪就必然不止於「做錯事」

這麼簡單了；那麼，罪還是甚麼呢？

5 本詩1至9節顯示了詩人對罪的高度警覺。這提醒了你甚麼？

6 10節是本詩的鑰句，何以見得？

7 本詩提到「造」一詞，這與創世記一章1節有何關聯？

8 饒恕是內在的行動，卻帶有外在的結果——請列舉一些結果（13～17 節）。

9 你怎樣理解「憂傷痛悔的心」（17 節）？你對這狀況有何體驗？

10 從本詩 18 至 19 節看，個人寬恕與社會公義有甚麼關連？

11 詩篇五十一篇令我們省察自己的罪，從而警戒自己不要犯罪。你覺得這提醒對你有甚麼果效？

在上帝跟前安靜。在安靜中向祂認罪，領受祂的饒恕與恩惠。

延伸練習

寫下你的犯罪經歷。侯活（Evan Howard）在《以聖經禱告》（*Praying the Scriptures*）中描述了可以怎樣寫，他的寫法參考了依納爵（Ignatius of Loyola）的靈性操練方法。

> 要從閱讀首個關乎罪的故事開始，就是記在創世記三章的故事。要再三細讀，用心感受故事的情境和事件。求主使你對罪的意識更敏銳，賜你適度的憂傷。然後想像這故事發生在眼前，你就像躲在一棵樹後窺看一切……
>
> 然後寫下自己的犯罪經歷——從某個犯罪事件

的開首寫起。正如你反思創世記的故事，要留意自己犯那宗罪的緣起、經過、所作所為、犯罪的後果……假如有誰曾經對你有不良影響，要坦然面對自己所受的傷害，並饒恕對方。你可能覺察不到自己在哪些方面犯了罪，這時就要求主幫助，讓你可以覺察。要鉅細無遺，但不要內省過度。（Evan Howard, *Praying the Scriptures* [Downers Grove, IL: InterVarsity Press, 1999], 79）

本課指引和建議

目　標：　了解在上帝跟前，我們的「錯」的確切性質，並從個人層面探索罪是甚麼。

概　要：　我們大多數人滿有罪疚感，惟這些罪疚感與上帝無關——可能源於未能達到旁人的期望，或太在意別人的批評，這些批評與我們的身分無關。本詩幫助我們專注在罪的真正問題上。

背　景：　可以讀撒母耳記下十一至十二章作為備課，然後向組員簡述本詩的寫作背景。

問題 1：　為了突顯這些罪的近義詞的意思，可將一些我們常用的負面用語與之並列，例如：缺乏自尊、自我形象低落、焦慮、不大聰明、不夠錢用……試將上帝對我們的看法，與我們對自己的看法來個對比，結果會是怎樣？

問題 3：　假如我們不斷企圖令自己及別人更接受自己，就必然終生活在奴役中，受制於永無法滿足、不斷改變的觀感與要求。但如果我們願意讓上帝處理我們的罪，就能獲得極大的釋放，因為不再需要負責令自己變好，而只要容讓上帝使我們成聖。

問題 4： 這問題想提醒我們，我們與上帝的關係已經破裂，就算我們品行端正，關係仍然破裂。

問題 6： 上帝不但饒恕我們，潔除我們的罪（1～9 節），而且更新我們，使我們重新有正直的靈（10 節）。基督徒將拯救的這兩方面稱為**稱義**與**成聖**。

問題 11： 幾乎不可避免的情況是，有人會立志不再做「這」做「那」。如果有人這樣想，就要指正他們：本詩和基督福音的要義，乃是人在罪面前是無能為力的；我們惟一可以做的，不過是承認它，然後順服，接受上帝處理它的方式。

禱　告： 確保有足夠時間讓組員安靜禱告，這是應用本詩的重要部分。

6

詩一〇三篇　將拯救帶進禱告

上帝為我們成就的，遠超我們順從祂或悖逆祂而做的任何事。有一個詞語，總結了上帝這浩大無邊、無法預料、白白賜予世人的作為——**拯救**。藉著禱告，我們探究拯救的領域，涉足它的疆界，嗅它的奇花，摸它的斷崖。辨識拯救的事實，並為之作見證，不過是最起碼的事；這關乎恩惠、憐憫、福分的細節，是數之不盡的，足夠我們窮一生之力去細味並欣賞——而我們藉著禱告去細味和欣賞。

小組討論：回想曾經發生在你身上的一件大喜事。略略講述為何這事那麼美好。

個人反思：花少許時間寫下你覺得「完美的一天」是何模樣：你會做甚麼？你會在哪裏？你會與誰一起？你會有甚麼感受？

詩篇一○三篇描述關乎得救的**體驗**(不是教義)，換言之，是得救的**感受**。**細讀詩篇一○三篇**。

1 我的心哪，你要稱頌耶和華！
凡在我裏面的，也要稱頌他的聖名！
2 我的心哪，你要稱頌耶和華！
不可忘記他的一切恩惠！
3 他赦免你的一切罪孽，
醫治你的一切疾病。
4 他救贖你的命脫離死亡，
以仁愛和慈悲為你的冠冕。

5 他用美物使你所願的得以知足，
以致你如鷹返老還童。

6 耶和華施行公義，
為一切受屈的人伸冤。
7 他使摩西知道他的法則，
叫以色列人曉得他的作為。
8 耶和華有憐憫，有恩典，
不輕易發怒，且有豐盛的慈愛。
9 他不長久責備，
也不永遠懷怒。
10 他沒有按我們的罪過待我們，
也沒有照我們的罪孽報應我們。
11 天離地何等的高，
他的慈愛向敬畏他的人也是何等的大！
12 東離西有多遠，
他叫我們的過犯離我們也有多遠！
13 父親怎樣憐恤他的兒女，

耶和華也怎樣憐恤敬畏他的人！
14 因為他知道我們的本體，
思念我們不過是塵土。

15 至於世人，他的年日如草一樣。
他發旺如野地的花，
16 經風一吹，便歸無有；
它的原處也不再認識它。
17 但耶和華的慈愛歸於敬畏他的人，
從亙古到永遠；
他的公義也歸於子子孫孫—
18 就是那些遵守他的約、
記念他的訓詞而遵行的人。

19 耶和華在天上立定寶座；
他的權柄統管萬有。
20 聽從他命令、成全他旨意、
有大能的天使，都要稱頌耶和華！

21 你們作他的諸軍，作他的僕役，
行他所喜悅的，都要稱頌耶和華！
22 你們一切被他造的，
在他所治理的各處，
都要稱頌耶和華！

我的心哪，你要稱頌耶和華！

1 你對本詩有甚麼概略的印象？

2 留心本詩的首句與尾句。這兩個相同的句子首尾呼應，它們如何影響你對本詩內容的理解？

3 拯救的含義，遠比我們所想的豐富複雜。上帝有哪五樣作為，構成祂的拯救（3～5節）？

4 本詩3至5節提及的上帝的作為，曾經怎樣令你獲益？

5 上帝如何令摩西和以色列人曉得祂的法則（7節）？

6 在本詩8至14節，詩人宣告了上帝哪些令人驚詫的屬性？當中有哪些是你向來尤其忽略的？

7 細看我們（15～16節）與上帝（17～19節）的對比。你對自己的觀感是更好還是更壞了？詳述之。

8 為我們得拯救禱告，並以稱頌救主作結。本詩20至22節提到眾聲稱頌上主，他們包括了誰？你希望誰可以加入稱頌的行列？

9 對你來說，得救是甚麼意思？

10　關乎拯救，還有甚麼層面是你想深入探討的？

你若是獨自查考本詩，請在禱告中加入你的讚美音符。你若是與組員一起查考本詩，請像樂團那樣一起禱告，每個成員加入自己的音符。

延伸練習

試寫一首讚美詩——獨自寫或整個小組一起寫。用你自己的表達方法，不要模仿詩篇作者的寫法。試表達你日常生活中的各樣樂事，還有你眼中的上帝怎樣在你身處的環境中作工。與組員一起作詩，其樂無窮，可以傳遞同一張大紙，每人在其上寫一句，合起來成為一首讚美詩。

本課指引和建議

目　標：　藉著詩篇一〇三篇，深入探究「拯救」的豐富內涵。

概　要：　當「拯救」淪為標語口號，就變得平庸無奇。拯救並非按部就班的程序，而是一片有待探索的廣闊天地。禱告是探索的途徑，詩篇一〇三篇是精采絕倫的導遊書。

小組討論：鼓勵大家細緻描述各自的「大喜事」，並刻意淡化事情的聖俗之分。拯救是神聖的事，能夠將萬事納入其中。

問題 1：　輕鬆面對這問題，因為答案沒有對錯之分。你可以談論本詩的主題、語言或個人感受等。

問題 2：　有註釋書認為「我的心哪」是「希伯來文中呼喚自己的慣用語」。此外，**心**這詞「並非涉及與肉體相異的靈性層面，也不指涉與『外在』相異的詩人的『內在』，而是指詩人的自我——那活生生、清醒、個人的存有」（*NIV Study Bible*, 887, 784）。

問題 3：　「救贖」(redeem)是「救恩」(deliver)的同義詞(*NIV Study Bible*, 867）。

問題 6： 討論這個問題時，特別注意本詩 11 至 14 節，其中有天與地、東與西、父與子的表述，其意義深長。

問題 8： 要領略這些經節的震撼之處，須鼓勵組員運用想像力。嘗試想像樂團上方有大能的天使，一端有數之不盡的天軍，另一端是地上的受造物，詩人則站在指揮的位置。隨著詩人的手勢，讚美的歌聲從一端散播到另一端，直到一切受造之物 —— 包括詩人自己 —— 都在讚美敬拜主。何其震撼的場面！

要指出樂團的每個成員都顯出了順服：大能的天使**聽從祂命令、成全祂旨意**（20 節），天軍**作祂的僕役、行祂所喜悅的**（21 節）。祂所創造的一切都**在祂的治下**。詩人的假設，是上帝所拯救的一切，都順服祂。

問題 9： 這可能是讓組員分享自己得救故事的時機。組長可用本詩的內容或前面作出的相關討論，為組員的得救故事作少許「註腳」。

問題 10： 本課問題的基本假設，是所有組員都已「得救」，這當然未必是實況。可以邀請「未得救」的組員分享他們的故事：你對本課的討論內容有何感受？其他人討論或分享的時候，你有甚麼感覺？

7 詩二十三篇　將恐懼帶進禱告

世界是令人恐懼的場所。就算我們在父母、師長、朋友的幫助下，脫離了嬰兒期及童年時的諸般險阻，也不過是進入了成人世界：一個遍佈意外、打鬥、疾病、暴力、衝突的恐怖地方。

小組討論：你有甚麼揮之不去的恐懼？

個人反思：記下一個正在困擾你的恐懼。它的根源是甚麼？
你想上帝怎樣幫助你面對它？

禱告能夠將恐懼帶進意識的核心，令人不得不面對它。不過禱告不止於令我們勇敢面對恐懼，更確認上帝的臨在。**細讀詩篇二十三篇**。

1 耶和華是我的牧者，
我必不致缺乏。
2 他使我躺臥在青草地上，
領我在可安歇的水邊。
3 他使我的靈魂甦醒，
為自己的名引導我走義路。

4 我雖然行過死蔭的幽谷，
也不怕遭害，
因為你與我同在；
你的杖，你的竿，都安慰我。

5 在我敵人面前，你為我擺設筵席；
你用油膏了我的頭，使我的福杯滿溢。

6 我一生一世必有恩惠慈愛隨著我；
我且要住在耶和華的殿中，直到永遠。

1 本詩可謂家喻戶曉，若想以新穎眼光閱讀它，須格外用心。本詩有甚麼是你從前不曾留意到的？

2 本詩有兩個隱喻，一個關乎牧者（1～4節），一個關乎主人（5～6節）。這兩個意象有甚麼異同？

3 細看本詩的牧者，他怎樣照顧他的羊（1～4節）？

4 本詩 4 節的背景，與 1 至 3 節的背景有何不同？

5 「不怕遭害」(4 節)是勇敢的宣言。你覺得這話對你來說是甚麼意思？

6 細看本詩的主人，他怎樣款待他的客人(5～6 節)？

7 本詩有哪些第一人稱的代名詞(我/我的)？這對你有何啟迪？

8 「仇敵」在詩篇中十分顯著，本詩也不例外。你的仇敵是誰？

9 在你的信仰生命中，曾經最能夠感受到安慰的經歷是甚麼？

10 詩篇二十三篇是對抗恐懼的武器。你會用這武器去對抗生命中的甚麼恐懼？

向主禱告，說出你的各樣恐懼，求基督幫助你釋去恐懼；祂是牧者，又是主人。

延伸練習

另一段能夠在恐懼中帶來安慰的經文，是以賽亞書四十章。細讀它，並摘錄部分內容為禱文，向上帝求賜力量與勇氣。

本課指引和建議

目 標：道出生命中的恐懼，並為之禱告。

小組討論：人人都有恐懼，但社會訓練我們蒙混過關。我們這心理學橫行的世代，將各樣恐懼名為「驚恐症」（phobias），視之為精神官能病（neurosis）的證據。不過世界**確然是**可怖的地方，無論內在或外在，都有太多令人害怕的事。面對恐懼，最合宜的做法，是為它命名，將它帶進禱告。這樣做的目的，是在經驗恐懼的同時，發現上帝的臨在。

有的恐懼有事實根據，有的是胡思亂想。有事實根據的恐懼，可幫助我們活得稍為長久一些；胡思亂想而生的恐懼，制限我們的人生。要思考兩者的分別。

問題 1： 你可以與組員一起數算本詩有多少個「我」字——本詩很個人化！組員是否留意到本詩分為兩部分，各有不同的隱喻（參看問題 3）？鼓勵組員留心本詩的細節，列舉所有隱喻，數算名詞與動詞，找出對比……不過，假如小組有自己的觀察，就不用採納這些指示。

問題 4： 在 4 節中，牧人有杖（短棒）傍身，此外有較長的竿，這竿一端是鈎形，用作帶領、牽引羊隻。

問題 5： 對羊來說，「義路」就是牧人所引領的路（對我們來說可能有道德意味）。因此，當羊行過死蔭的幽谷（4 節），這其實不是意外，而是牧人引領羊到那裏，並會保護牠。你可能要向組員指出：「不怕遭害」不等於不會遇見逆境；禱告不是趨吉避凶的護身符。

問題 6： 曠野中有個習俗，是必須款待客旅。若有人因逃避仇敵而躲進游牧民族的帳棚裏，棚主必須款待那人。這習俗在本詩中亦隱約可見。主人有時會用香膏抹客人的頭，這是待客之道。滿溢的杯，是在筵席上供應豐足的象徵。

問題 8～10：重溫前面的討論，總結眾人的心得。引領組員勇敢面對自己生命中的恐懼，切忌岔開話題問一些假設性問題。

8
詩一三七篇　將仇恨帶進禱告

我們總想在上帝面前表現最好的一面。我們以為禱告就是好好展現自己，務求取悅上帝。我們在禱告中披上「完美形象」的外衣。然而，當我們以上帝子民的禱文——詩篇——禱告，就會發現禱告不是那麼一回事。原來我們要以自己的真面目來禱告，而不是以「應有」的面目進到上帝跟前。

小組討論：每個人都有滿心仇恨之時，要坦然面對。你曾經恨過誰？為甚麼生恨？

個人反思：當心中懷恨，你對自己、自己的人生、其他人，有甚麼感受？

作為禱文，本詩帶出的不是人最好的一面，而是人最壞的一面：刻毒、劇烈、怨憤的恨意。上帝能夠處理我們的恨嗎？**細讀詩篇一三七篇**。

1 我們曾在巴比倫的河邊坐下，
一追想錫安就哭了。
2 我們把琴掛在那裏的柳樹上；
3 因為在那裏，擄掠我們的要我們唱歌，
搶奪我們的要我們作樂，說：
給我們唱一首錫安歌吧！

4 我們怎能在外邦唱耶和華的歌呢？
5 耶路撒冷啊，我若忘記你，
情願我的右手忘記技巧！
6 我若不記念你，
若不看耶路撒冷過於我所最喜樂的，
情願我的舌頭貼於上膛！

7 耶路撒冷遭難的日子，
以東人說：拆毀！拆毀！
直拆到根基！
耶和華啊，求你記念這仇！
8 將要被滅的巴比倫城啊，
報復你像你待我們的，那人便為有福！
9 拿你的嬰孩摔在磐石上的，
那人便為有福！

1 本詩糅合了最優美的歌詞和最醜陋的情感。你認為 1 至 6 節美在哪裏？7 至 9 節醜在哪裏？

2 上帝的子民被流放到巴比倫——一個他們不願去的地方——失去了回歸的指望。你曾經身陷一些不願經歷的景況嗎？

本詩 1 至 3 節的內容與你昔日的經歷有沒有任何相似之處？詳述之。

3 回想自己的經歷，你會如何評價本詩 4 至 6 節所描述的感受？

4 以色列人為何會在巴比倫？這原因與他們表達的感受有何關係？

5 以色列是個常被攻佔並踐踏的民族。它以往曾遭受以東(7節)逼迫，如今又面臨巴比倫(8節)壓迫。試想像你在世間任人魚肉的滋味——這會怎樣形塑你的禱告？

6 留心本詩7至9節的變化。哪些詞語或片語表露了情感的變化？

7 在感恩之時或哀傷中，要對上帝坦誠是容易的；在仇恨的幽暗中，要對上帝坦誠卻很不容易。你對上帝有多坦誠？詳述之。

8 耶穌說：「要愛你們的仇敵，為那逼迫你們的禱告」（太五 44）。我們可以如何愛仇敵、為仇敵禱告？

9 在本詩中可發現的兩大情緒是自憐（1～6 節）與仇恨（7～9 節）——兩樣都不是特別值得嘉許的情緒。為我們的罪禱告，似乎不能夠沖淡這些情緒；那麼，為我們的罪禱告，究竟有甚麼效果？

10 我們大多數人都會壓抑自己的負面情緒（除非精神出了岔子，就會將負面情緒公之於世）。禱告之道，不是掩飾負面情緒，讓自己道貌岸然，而是揭露這些情緒，讓自己得醫治。你有甚麼負面情緒是想得到上帝醫治的？

將你已經揭露出來的仇恨或憎惡宣之於口，告訴上帝。

延伸練習

讀詩篇一三八篇、詩篇一三九篇，繼續為你的恨意及其他強烈情緒向上帝禱告——祂早就知道你的想法。

本課指引和建議

目　標：　學習承認自己心中懷恨，並為之禱告。

概　要：　這可能是最困難的一課，卻是十分重要的一課。假若不能效法詩人那樣，面對並道出心底的醜陋，我們的禱告生活就永難觸及生命的根源。

問題 1：　最容易的方法，是從童年經驗入手：恨父母，因為他們懲罰我們，或要求我們做不想做的事；恨惡霸鄰居；恨兇巴巴的老師……其後我們被社會「同化」了，不再使用「恨」這個字，不過那些經驗與感受仍揮之不去，雖然我們口裏不承認。除非我們重新面對這些經驗與感受，不然無法為之禱告。

問題 3：　這思鄉的感受，對我們來說很常見。有時是忠誠的標記，有時是不負責任的標記。套用賴斯里艾倫（Leslie C. Allen）的說法：

他們的哀傷遠不止於鄉愁。他們坐在一條兩旁遍植樹木的運河邊，懷著哀悼的心情，有關錫安的苦樂交加的回憶縈繞不散：往昔的節慶、上帝的臨在、信眾的結聚……還有上帝在地上的居所、上帝國的首都，如今已成頹垣敗瓦。他們的琴曾經彈奏上帝的歡慶頌歌，如今都靜靜懸掛在樹上。更諷刺的是，他們的仇敵要他們唱錫安的讚歌。（*Psalms 101 ~ 150* [Dallas, TX: Word, 1983], 241）

問題 4： 以色列離棄上帝，上帝容讓巴比倫（以東）佔領耶路撒冷，擄走以色列人，好讓百姓有回轉的機會。你若覺得組員中沒有人懂得這些歷史背景，可能要簡述一下，才繼續討論後半部分的問題。

問題 6： 本詩 7 至 9 節令人不寒而慄，是赤裸裸的恨——也是禱文。

問題 7： 提醒組員，詩人渴想巴比倫人遭受他們施加在以色列人人身上的暴行（參 8 節）。我們必須了解到，以色列人曾經目睹自己的嬰孩被摔在磐石上！當然這不會令他們的仇恨變得合理——卻是可以理解的。

問題 8： 你若沒有任何說得出名字的仇敵，當然亦不會有代禱對象。重溫上一課（詩篇二十三篇）問題 8 的討論，鼓勵組員將仇敵名單化為代禱名單。

問題 10： 當用這篇禱文禱告，我們可能以為從此可以「跪著恨人」，用姿勢為自己的恨開脫。不過本詩是一系列禱告的一部分而已，這一系列禱告教導我們如何認罪與讚美。詩篇一三七篇不是終站；我們必須繼而前往詩篇一三八篇、一三九篇，才能在禱告中成長。

9 詩六篇　將眼淚帶進禱告

眼淚是上帝賜人與生俱來的禮物，用來表達情感和靈性經驗。不過要學會應對它是困難的。如果終日以淚洗面，會引發自憐；如果自我壓制，不讓自己流淚，會喪失感覺。

小組討論：你最近一次看電影落淚，看的是哪齣電影？為甚麼落淚？

個人反思：你最近一次哭泣——**泣不成聲**——是何時？

將眼淚帶進禱告，乃是進入哀傷中，這哀傷將我們的哀愁扣連主的哀愁，從而發現我們哀傷的源頭與出路。**細讀詩篇六篇**。

1 耶和華啊，求你不要在怒中責備我，
也不要在烈怒中懲罰我！
2 耶和華啊，求你可憐我，因為我軟弱。
耶和華啊，求你醫治我，因為我的骨頭發戰。
3 我心也大大地驚惶。
耶和華啊，你要到幾時才救我呢？

4 耶和華啊，求你轉回搭救我！
因你的慈愛拯救我。
5 因為，在死地無人記念你，
在陰間有誰稱謝你？

6 我因唉哼而困乏；
我每夜流淚，把牀榻漂起，

把褥子濕透。

7 我因憂愁眼睛乾癟，

又因我一切的敵人眼睛昏花。

8 你們一切作孽的人，離開我吧！

因為耶和華聽了我哀哭的聲音。

9 耶和華聽了我的懇求；

耶和華必收納我的禱告。

10 我的一切仇敵都必羞愧，大大驚惶；

他們必要退後，忽然羞愧。

1 本詩表達了哪些不同的情緒？

2 在我們今日的社會，人們都不愛談論一位憤怒的上帝（1節）。對於上帝的憤怒，你有甚麼體驗？

3 比較本詩的首句與尾句。詩人的眼淚關乎耶和華，還是關乎仇敵？詳述之。

4 「要到幾時……呢？」（3節）是我們在禱告中常問的問題。這疑問既然在聖經中如此常見，可見上帝歡迎我們問這問題。在你人生的過去或現在，甚麼會觸發你這樣問？

5 本詩4節的三個動詞——**轉回、搭救、拯救**——產生怎樣的累積效果（cumulative effect）？

6　本詩的感情軸心是 6 至 7 節。「哭泣」在這兩節經文中有哪些表達方式？

7　詩人為何落淚？細閱全詩，找出每一個可能的緣由。

8　眼淚很多時候被視為出了岔子的標記——抑鬱、傷心、挫敗——因此人們覺得必須避免，或尋求醫治。但假如眼淚是合宜的標記呢？眼淚可以表明甚麼合宜的事呢？

9 本詩 8 至 9 節有三個並列的用語：**哀哭**、**懇求**、**禱告**。它們是同一件事，還是相異的三件事？詳述之。

10 記念與稱謝（5 節）似乎被描述為上帝重視的事。為甚麼？

你有操練記念與稱謝嗎？你掌握這二事嗎？詳述之。

11 你認識誰此刻是在悲傷中的？

為那些在悲傷中的人禱告，使用詩篇六篇的用語表達你代禱對象的哀愁。

延伸練習

你的生命此刻若在經歷哀傷，請私下向上帝傾心吐意，祂必接納你的一切情緒。

本課指引和建議

目　標：學習將情緒帶進禱告，不是多愁善感，而是真情實感。

概　要：禱告的原委，是將全人與感受帶到上帝跟前。情緒是很難處理的東西，且是人生中**無可避免的**，卻很容易變得具欺騙性。禱告能夠令情緒維持真誠——當我們將情緒帶進禱告。哀愁是人生中無可避免的，它與自憐僅一線之差，委實難以分別——詩篇六篇有助我們作此分別，並幫助我們培養真誠的哀愁。

個人反思：假如組員之間能夠非常自在地彼此分享，也可以回答這問題。留意各人哭泣的原因，即流淚的理由：有人為了操控他人，令人同情自己；有人出於一己的事與願違；有人出於慈心，同情別人的苦況。千萬不要論斷任何發言，只須將他人的分享記在心中，留待其後的討論。

問題 3：思考大衛為何覺得自己所遇的難關是——或多或少——源於耶和華的憤怒。這是大衛在病患中的禱告，「大衛的仇敵藉這機會大肆攻擊他」。「雖然耶和華因大衛的罪而透過病患來懲處他（參詩三十二3～5，三十八1～8、17～18），但是詩人呼求上帝不要在烈怒中徹底責罰他，不然他必死無疑（參5節；亦參一三〇3）」（*NIV Study Bible*, 784）。

問題8： 在基督信仰歷史中，眼淚曾經是與基督契合的明證——對主被釘十架、主為耶路撒冷哀哭感同身受。我們今日卻強調相反的東西：快樂的基督徒、一無所缺的聖人。我們是否錯過了甚麼？試討論何謂健康的眼淚：因失去而流的眼淚（失去親友；分離），因悔改而流的眼淚（我的過犯），因憐憫而流的眼淚（別人的難題）——其餘的眼淚，也許不是源於幼稚，就是源於罪。

10

詩七十三篇　將疑惑帶進禱告

疑惑不是罪，反而是信念的要素。疑惑是誠實的表現——眼所見的不一定是事實。我們所相信與所經驗的，總有矛盾或落差。究竟這是怎麼回事？上帝給我們出的是餿主意嗎？為甚麼事與願違，跟我們所學的道理不相應？成熟的信仰，不會逃避或否認疑惑。相反，疑惑催促人去探究信仰的根本。

小組討論：你曾經或如今有甚麼關於基督信仰生命的疑惑？

你會因為表達這些疑惑而感到內疚嗎？為甚麼？

個人反思：在安靜反思時，問自己有甚麼疑惑可能阻隔了你與上帝。與上帝談談那些疑惑。

詩篇七十三篇的作者滿心疑惑。**細讀詩篇七十三篇**。

1 上帝實在恩待以色列那些清心的人！
2 至於我，我的腳幾乎失閃；
我的腳險些滑跌。
3 我見惡人和狂傲人享平安就心懷不平。

4 他們死的時候沒有疼痛；
他們的力氣卻也壯實。
5 他們不像別人受苦，
也不像別人遭災。
6 所以，驕傲如鏈子戴在他們的項上；

強暴像衣裳遮住他們的身體。
7 他們的眼睛因體胖而凸出；
他們所得的，過於心裏所想的。
8 他們譏笑人，憑惡意說欺壓人的話；
他們說話自高。
9 他們的口褻瀆上天；
他們的舌毀謗全地。

10 所以上帝的民歸到這裏，
喝盡了滿杯的苦水。
11 他們說：上帝怎能曉得？
至高者豈有知識呢？
12 看哪，這就是惡人；
他們既是常享安逸，財寶便加增。
13 我實在徒然潔淨了我的心，
徒然洗手表明無辜。
14 因為，我終日遭災難；
每早晨受懲治。

15 我若說，我要這樣講，
這就是以奸詐待你的眾子。
16 我思索怎能明白這事，
眼看實係為難，
17 等我進了上帝的聖所，
思想他們的結局。
18 你實在把他們安在滑地，
使他們掉在沉淪之中。
19 他們轉眼之間成了何等的荒涼！
他們被驚恐滅盡了。
20 人睡醒了，怎樣看夢；
主啊，你醒了也必照樣輕看他們的影像。

21 因而，我心裏發酸，
肺腑被刺。
22 我這樣愚昧無知，
在你面前如畜類一般。
23 然而，我常與你同在；

你攙著我的右手。
24 你要以你的訓言引導我，
以後必接我到榮耀裏。
25 除你以外，在天上我有誰呢？
除你以外，在地上我也沒有所愛慕的。
26 我的肉體和我的心腸衰殘；
但上帝是我心裏的力量，
又是我的福分，直到永遠。

27 遠離你的，必要死亡；
凡離棄你行邪淫的，你都滅絕了。
28 但我親近上帝是與我有益；
我以主耶和華為我的避難所，
好叫我述說你一切的作為。

1 若用自己的話，你會怎樣重述本詩 2 至 12 節表達的疑惑？

2 詩人問上帝的問題，與我們息息相關。在你生命中，有甚麼人或羣體，令你也想問上帝同類問題？

3 自憐像致命的病毒。詩人在本詩 13 至 14 節的話，若套在你的人生處境，你會怎樣表達？

4 本詩 17 節的等是全詩的鑰字與核心。在上帝的聖所裏，發生了甚麼事？

5　在你的聖所裏——你敬拜上帝的地方——發生了甚麼事？

6　本詩作者的某些覺悟與認知，怎樣才會在你敬拜上帝時，成為你關注的重點？

7　本詩23節的**然而**，將兩個相反的陳述連接起來——是哪兩個陳述？你曾如何經歷這種實況？

8 惡人的興盛，是本詩前半部分（1～16 節）的主題；耶和華的臨在，是本詩後半部分（17～28 節）的主題。你對哪一半印象較深刻？為甚麼？

9 我們所嫉恨的惡人，他們的外表與實相迥然不同（18～20 節）。你怎樣辨明你所見的（你其實又妒又羨的）與真相（在順服中堅信的）的差別？

10 敬拜是本詩的關鍵行動。敬拜可以怎樣幫助你面對疑惑，以及基督信仰生命中的難題？

11　基督徒都一致認定敬拜是每個星期的關鍵行動。敬拜可以怎樣成為你經驗中更關鍵的部分？

在禱告中，騰出五分鐘安靜時間，細味上帝的臨在，讓祂糾正你的觀點。然後頌讚祂。

延伸練習

細讀詩篇四十九篇，從另一角度察看惡人的命途。

本課指引和建議

目　標：透過詩篇七十三篇，將疑惑帶進我們的禱告。

概　要：否認或壓抑疑惑，總是錯事，但應該怎樣面對疑惑呢？疑惑是不容你視而不見的，因為它會使我們忐忑不安。聖經之道，是將疑惑**帶進禱告**。詩篇七十三篇是個示範。

小組討論：面對疑惑的其中一個方法，是以理據迎頭反擊。這些反擊偶爾有效，不過很多人只是膽怯地將疑惑埋在心底。假如透露疑惑反令自己被人批判，我們自然傾向三緘其口。因此你在鼓勵組員討論之前，必須提醒大家要彼此體恤，切忌批判。

問題2：當我們預計在上帝的主宰下應該發生的事，異於眼見所發生的事，疑惑就會出現。恰當地鼓勵組員多分享一些有助說明上述情況的例子。

問題5：敬拜不是論理，而是注目那位看不見的上帝，因為我們相信這位安靜的上帝，遠比那些眼所見的聒噪狂傲之人更實在、生動。敬拜不能解釋邪惡的存在，卻能為我們提供理解邪惡的觀點；敬拜不能除去我們的疑惑，卻能將疑惑化為禱告的熱情。

問題 8：　大家都知道「應該」怎樣回答這問題，不過你要鼓勵大家誠實作答。何謂邪惡，大家應該都清楚，因為今日傳媒有許多相關的鉅細無遺的報導。

問題10~11：須注意的是，要讓組員了解敬拜關乎我們之**所為**，而不是我們之**所感**。敬拜是定位——定意讓自己的生命為上帝塑造，而非盡己所能對抗人生逆境。敬拜要栽培的，是慣性相信（偶爾疑惑），而非慣性疑惑（偶爾相信）。

11 詩九十篇　將死亡帶進禱告

我們今日的社會，對死亡採取否定態度，這是不尋常的。生於世間的大多數人，都十分重視死亡這回事。除了我們這世代，一個自古以來公認的人生目標，其實就是能夠善終。

小組討論：論到自己的死亡，你會想起甚麼？你有甚麼感覺？

個人反思：誰的死亡曾經對你影響巨大？

詩篇九十篇向來是裝備無數基督徒面對死亡的重要教材。**細讀詩篇九十篇**。

1 主啊，你世世代代作我們的居所。
2 諸山未曾生出，
地與世界你未曾造成，
從亙古到永遠，你是上帝。

3 你使人歸於塵土，說：
你們世人要歸回。
4 在你看來，千年如已過的昨日，
又如夜間的一更。

5 你叫他們如水沖去；
他們如睡一覺。
早晨，他們如生長的草，
6 早晨發芽生長，
晚上割下枯乾。

7 我們因你的怒氣而消滅，
因你的憤怒而驚惶。
8 你將我們的罪孽擺在你面前，
將我們的隱惡擺在你面光之中。

9 我們經過的日子都在你震怒之下；
我們度盡的年歲好像一聲歎息。
10 我們一生的年日是七十歲，
若是強壯可到八十歲；
但其中所矜誇的不過是勞苦愁煩，
轉眼成空，我們便如飛而去。

11 誰曉得你怒氣的權勢？
誰按著你該受的敬畏曉得你的憤怒呢？
12 求你指教我們怎樣數算自己的日子，
好叫我們得著智慧的心。

13 耶和華啊，我們要等到幾時呢？

求你轉回，為你的僕人後悔。
[14] 求你使我們早早飽得你的慈愛，
好叫我們一生一世歡呼喜樂。
[15] 求你照著你使我們受苦的日子，
和我們遭難的年歲，叫我們喜樂。
[16] 願你的作為向你僕人顯現；
願你的榮耀向他們子孫顯明。
[17] 願主—我們上帝的榮美歸於我們身上。
願你堅立我們手所做的工；
我們手所做的工，願你堅立。

1 綜觀本詩，你對上帝有甚麼不同的印象？

2 死是生的界限，引發人去反思生命；而生命的背景不是死亡，而是上帝。參看本詩 1 至 2 節，詩人怎樣從他對上帝的看法出發，來面對死亡？

3　細讀本詩 3 節的背景——創世記二章 7 節、三章 17 至 19 節。你對「生有涯」的認識，如何影響你生存的方式？

4　上帝因何發怒（7～9 節）？

5　詩人怎樣形容上帝的怒氣及其對我們人生的影響（7～11 節）？

6 你會怎樣將上述對上帝的看法，與使徒約翰的名言「上帝就是愛」整合？

7 馬丁路德（Martin Luther）就本詩12節註釋道：「主啊，教導我們所有人做個精明的數學家！」怎樣才算是懂得數算自己的日子？

8 你預計自己能夠活到多大年紀——或說，你預計自己還有多少在世的日子？你會怎樣規劃自己的餘生？

9 詩人對「生有涯」的感受很具戲劇性(4～6節)。現代化醫院如何削弱了我們對「人生短暫且脆弱」的體會?

10 本詩以死亡為焦點,卻不止於此,而是將**上帝**納入焦點。細讀14至17節,你覺得對你來說,最重要的是甚麼?是你餘生要做的事,還是上帝要在你生命中成就的事?詳述之。

11 柏拉圖(Plato)認為哲學就是研究「死亡」的學問。中世紀的牧養關顧主要致力於幫助人獲得善終。默想死亡的事,會怎樣影響你的生存方式?

在禱告中，祈求上帝叫我們意識到自己終有一死，也察驗基督的死。

延伸練習

你最想他人注意到你生命中的甚麼？列舉大約五樣主要的性格特質或價值觀，是你希望可以活出的。

本課指引和建議

目　標：透過詩篇九十篇學習面對死亡，接受——或遲或早——凡人皆有一死。

概　要：僅僅思想死亡，沒有甚麼特殊益處，反而可能令人神經兮兮，誠惶誠恐。基督徒面對死亡之道，是明白何謂信靠上帝，並認真栽培這種信靠。

小組討論：在喪禮上的所言所感，有時顯示了我們對死亡的態度。假如組員對這問題反應不大，可以問這些問題：你在喪禮中有何感受？對有親友過世的人，你會怎樣安慰他們？你曾經與垂死之人相處嗎？你會避開他們嗎？你會說出過於樂觀的話嗎？

問題 2：人生終結了，就面見上帝。死亡很戲劇化地催促我們記起上帝。中世紀有些修士晚晚睡棺材，提醒自己力量有限，以及上帝慈憐無限。你對這樣的做法有何感受？

問題 5～6：聖經的作者毫不避忌使用人類的語言去描述上帝的屬性與作為。這種疏忽其實是一大幫助：聖經中的上帝，決非無血無肉、抽象玄虛。不過這對我們的想像也是一大挑戰，我們必須慎思明辨聖經的意思，不然想像出來的上帝只會是自我的延伸。上帝的「怒氣」是要認真詮釋的：一來上帝動怒不同於我們動怒——不成功就大發雷霆！但我們對動怒的體驗，大大增加我們對上帝的理解。試探索何謂上帝的怒氣。

關乎詩篇二篇5節，有個註釋說得好：「上帝的怒氣總在表達祂的公義。」（*NIV Study Bible*, 781）

問題11： 耶穌在十字架上受死，是善終的典範。基督徒透過察驗耶穌的死並有分於其中，學習怎樣面對死亡。這種方式不關乎克己，而關乎救贖。

12 詩一五〇篇 將讚美帶進禱告

一切禱告，無論如何，至終都會化為讚美。無論我們受多少苦，存多少疑，每事每物皆導向讚美。讚美是終極的圓滿禱告。這不是說其他禱告不及讚美，而是說一切禱告到了極致，就成了讚美。

小組討論：在白板或一張大紙上，寫下或畫出你的感恩事項。請盡情發揮，涵蓋生活中的小確幸，以及禱告蒙應允的大喜樂。

個人反思：過去一年，有何客觀環境或主觀感受——哪怕只是短暫地——令你成為一個讚美者？

教會《公禱書》特意以詩篇一五〇篇為總結的禱文。**細讀詩篇一五〇篇**。

1 你們要讚美耶和華！

在上帝的聖所讚美他！
在他顯能力的穹蒼讚美他！
2 要因他大能的作為讚美他，
按著他極美的大德讚美他！
3 要用角聲讚美他，
鼓瑟彈琴讚美他！
4 擊鼓跳舞讚美他！
用絲弦的樂器和簫的聲音讚美他！
5 用大響的鈸讚美他！
用高聲的鈸讚美他！
6 凡有氣息的都要讚美耶和華！

你們要讚美耶和華！

1　在本詩中，**讚美**一詞出現了多少次？這答案顯示詩人在甚麼心境下寫作本詩？

你曾經在類似的心境下禁不住要讚美上帝嗎？

2　本詩 1 節提到上帝應該在**哪裏**接受讚美。「在上帝的聖所」和「在他顯能力的穹蒼」是甚麼意思？

3　本詩 2 節提到上帝**為甚麼**當受讚美，詩人的理由是甚麼？

你自己又會加上甚麼理由？

4 本詩3至5節提到**怎樣**讚美耶和華。你讀到這些經文時，腦海中泛起甚麼景象？

這敬拜景象與你常參與的敬拜有何異同？

5 本詩6節提到**誰**要讚美耶和華。你認為「凡有氣息的」是該按字面意思解釋嗎？詳述之。

6 在希伯來文中，本詩的第一個詞和最後一個詞都是**哈利路亞**(「讚美主！」)。你的人生與這詞語有多大關連？

7 要學會讚美是沒有捷徑的。假如細心留意在本詩之前的一百四十九篇詩，必可注意到其中的眼淚、疑惑、苦痛，至終都歸為讚美。你過往人生中的困境，又可如何歸為讚美呢？

8 奧古斯丁(Augustine)說：「基督徒理應成為徹頭徹尾的讚美者。」你是這樣的基督徒嗎？你想成為這樣的基督徒嗎？怎樣可以到達這境界呢？

以讚美為禱告。將你查經所蒐集的反思與洞見，化作至終的禮讚與稱謝。

延伸練習

寫一篇讚美詩，為你從這查經過程——無論是個人還是小組——所學到的獻上禮讚。

本課指引和建議

目　標：明白讚美的全面性，立志一切禱告最終要走向讚美。

概　要：禱告很少始於讚美（通常始於傷痛），但如果禱告得夠多，至終會歸向讚美。這不是說每個禱告必須以讚美作結，而是說禱告生命本身總是趨向讚美。詩篇是學習禱告的課本，當中大多數禱文不是讚美而是哀歌，不過最後一篇詩——詩篇一五〇篇——是讚美耶和華的詩。只要我們堅持禱告，也會像詩篇一五〇篇那樣，歸於讚美。

小組討論：盡量令這部分輕鬆愉快，譬如播放輕快音樂。可能的話，將寫滿感恩事項的紙張貼出來。

問題 1：詩篇分為五卷：一篇至四十一篇，四十二篇至七十二篇，七十三篇至八十九篇，九十篇至一〇六篇，一〇七篇至一五〇篇。預習時，留意每卷最後一篇詩的最後一節，這種「終結感」（sense of an ending）在詩篇中不斷凝聚。

詩篇一五〇篇本身並非詩篇的總結，總結部

分其實包括五篇「哈利路亞詩」(“hallelujah” psalms)，每篇各對應五卷詩篇中的一卷，結集了以色列及教會共享的所有讚美禱文。要明白詩篇一五〇篇的背景，可細閱這幾篇「哈利路亞詩」(詩一四六～一五〇篇)的一些輔助性內容。

問題 2： 本課結構基於以下大綱：**在哪裏**讚美耶和華(1 節)，**為何**要讚美祂(2 節)，**怎樣**讚美祂(3～5 節)，**誰**要讚美祂(6 節)。本課的問題圍繞這結構而設。假如你的小組熟悉聖經，可以討論：「你覺得本詩的結構是甚麼？」或「你會將本詩內容如何細分？每部分的標題是甚麼？」

「在上帝的聖所」向來有幾個解釋，有解經家認為這與「在他顯能力的穹蒼」同義，是指上帝的居所；亦有解經家認為這是指聖殿——上帝在地上的殿，而「他顯能力的穹蒼」是上帝在天上的殿，所以詩人是在呼召地上及天上的敬拜者一同讚美耶和華。假如組員不懂得回答這問題，你可以告訴他們上述解釋，再一起討論哪個解釋最符合上文下理。

問題 4： 鼓勵組員想像自己身處這敬拜中。他們看到甚麼，聽到甚麼？現場的氣氛怎樣？鼓勵他們將所想像的敬拜經驗，與自己的信仰羣體的敬拜經驗比較。他們希望想像中的敬拜的甚麼元素，可以出現在自己羣體的敬拜中？

問題 5： 細想誰是例外。其中最大的例外，是被釘在十字架上的耶穌——如何在那種景況發出讚美？

問題 6： 避免空泛輕浮。人很容易談論「應該」怎樣讚美上帝，並為自己及己所有的獻上感恩，但是讚美主是一生的事，不僅是主日的事。

禱　告： 若有時間，可以簡要重溫過去探究過的各種禱告。回想每一課的學習經驗（除了詩一篇、詩二篇），討論這些經驗可以如何化為讚美（也許個別組員已學會這功課）。不用心急，也許對某些人來說，要在許多年後，這些禱告才終於「到達」詩篇一五〇篇。

組長指南

我的恩典夠你用的。(林後十二 9)

帶領查經討論可以是既愉快又有益的經驗，卻也可以很駭人——尤其如果你從未試過。假如你是後者，要知道你並不孤單！昔日上帝吩咐摩西帶領以色列人出埃及，摩西應道：「主啊，你差遣另一個人去吧！」(出四 13；編按：根據英文聖經 NIV 版本譯成)。同樣情形也發生在所羅門、耶利米、提摩太身上，他們雖然軟弱，但上帝幫助他們。上帝也會幫助你。

你雖然不是聖經專家或受過訓練的教師，也可以帶領查經討論。本書的歸納式查經背後的理念，是組長能夠引領組員自行發掘聖經要說的話。這學習方式能夠令組員更記得所學的內容，其成效是勝過單單聽課的。

本書的查經課，特意設計成便於帶領討論。事實上，問題的設計，是從**觀察**到**詮釋**到**應用**，這三類問題的推進自然而暢順，你會覺得查經過程有如行雲流水。本書也具彈性，方便你用於不同的小組：學生、專業人士、鄰居、教會小組……每課若用作小組聚會，大約需時四十五到六十分鐘。

若能學會一些關於小組互動的要素，對促進討論是有幫助的。以下一些指引，有助你做好組長職務，並且樂在其中。

事前預備

1 求上帝幫助你明白經文，並且能夠應用在生活中。若非如此，你難以帶領組員。也要為每個組員禱告，求上帝打開各人的心眼，能夠明白經文的信息，並付諸行動。

2 細讀本書的引言（〈詩篇拾珍〉），先對全書和書中論及的主題有個概略了解。

3 在每課查經前，再三細讀相關經文，令自己投入其中。

4 本書原文使用的經文來自 NIV 譯本，你和組員若使用這聖經譯本來學習和進行討論，會有所幫助(譯註：除特別註明外，本書使用的聖經譯本為《新標點和合本》)。

5 用心回答每條問題。花時間默想、反思，認真回答問題。

6 將你的想法與回應寫在本書提供的空白位置上，這有助你清晰表達對經文的理解。

7 案頭備有聖經詞典也有助查經，我們可隨時查考陌生的詞語、人名、地名。(關於如何研習某段經文，可參看 *How to Lead a LifeGuide Bible Study*〔InterVarisity Press〕第五章。)

8 思考怎樣將聖經應用在生活中。須緊記：你怎樣回應這查經，你的組員會效法；他們不會比你更懂得回應。

9 你自己完成查經後，請細讀該課的「本課指引和建議」，為自己即將帶領小組查經做準備。這些資料對你的幫助有幾方面。其一，它告訴你本書作者的寫作要旨；你要花時間探究每課問題整體而言怎樣達成作者的要旨。其二，它提供了背景資料，或促進小組互動的建議，這些資料在組員難以理解或不願回答問題時尤其有用。其三，它預計了小組討論時可能出現的難題，讓你提高警覺。

10 如果你想提醒自己徵引某些「本課指引和建議」的資料，可在每課的特定問題旁邊做記號。

帶領討論

1 準時開始聚會。以禱告開始，求上帝幫助大家明白並應用經文。

2 確保每個組員都有課本。鼓勵大家在每課之前好好備課，細讀每課的引子，並認真回答每課的問題。

3 在第一次聚會開始時，向組員表明這查經是通過小組討論，而不是聽課的方式進行。鼓勵大家投入其中。然而，不要令羞於開口的組員感到壓迫——尤其在頭幾次聚會之時。可以給組員以下指引：

- 緊扣問題討論，不要離題。
- 回應要基於該課的經文。經文是討論的焦點，而不是經文以外的權威如註釋書或學者。
- 每課都集中查考某段經文，只在極有需要的情況下才參考其他經文，因此每個組員都是在相同的起點開始深入探討經文。

- 成員在小組聚會中分享的一切，其他人都要保守祕密，切勿在小組外討論——除非得到確實的允許。
- 專心聆聽組員發言，並讓每個人都有分享機會。
- 彼此代禱。

4 開始時，由一位組員讀出該課的引子。

5 每課都以「小組討論」問題開始，之後才讀經。這些問題通常會簡介該課的主題，鼓勵組員開放心靈。要盡量鼓勵組員發言，也要努力回應，促進大家討論。

這部分的設計，是為呈現各人的思想或感覺有哪些地方需要被聖經轉化，因此在完成「小組討論」之前，不要讀出該課經文，因為經文會影響組員的真誠分享——組員會理所當然地認為自己該回答聖經的說法，於是未必可以坦白說出心底的想法與感受。

你可能想在「小組討論」之前加入「破冰」活動，令小組的氣氛輕鬆一點。關於這部分的設計，可參考 *Small Group Idea Book* 一書的「羣體部分」。

你也可能想將「個人反思」的問題融入小組討論。可以撥出片刻安靜時間，讓各人單獨回應「個人反思」的問題，也可以分享討論。

6 由一位組員讀出經文（若經文較長，則多找一位組員），然後讓大家安靜細閱經文幾分鐘，掌握箇中細節。

7 第一條問題通常關乎對該課經文的綜覽。鼓勵組員先從整體角度去理解經文，但要避免離題，或太急於解答一些稍後才處理的問題。

8 當你問問題，要記得靈活運用問題。你可以簡單地逐字讀出，也可以用你自己的話。

偶爾偏離該課的設定，是可以的，譬如説某條問題已經有了答案，就不用再討論。又或者某組員提出了一個好問題，是本書沒有提及的，這時可以花時間討論一下，但要小心，不要偏離太遠。

9 切忌自問自答。假如有需要，可以重覆問，或用別的表達方式，直到組員明白問題要問的是甚麼。亦可以參考「本課指引和建議」，從而作出闡釋或解義。如果組長霸佔了大部分討論時間，原本投入的組員就會閉口不言，變得被動。

10 不要害怕沉默時刻。組員可能需要時間思考問題，構想答案。

11 不要滿足於一個答案。可以問：「其他人怎麼想呢？」或「有別的答案嗎？」直至多幾個組員回答。

12 要尊重各人，盡力肯定各人。不要否定組員的答案，即使離題千丈，也可以問：「哪節經文令你得出這想法呢？」或「其他人有何想法？」

13 務求令各人不要只回應你的提問，雖然聚會之初很可能如是。隨著組員熟絡起來，就會開始彼此互動，這是健康討論的徵象。

14 不要害怕爭議，這可以是好事，能引發更多討論。即使你未能解決爭議，也毋須沮喪，可以轉到下一題。接下來的討論可能有助我們找到原本問題的答案。

15 聚會中適時地歸納各人圍繞經文所分享的心得，有助整合討論所得，並可推進整個查經過程。不過切忌說教。

16 討論完了，可以有片刻安靜時間，讓大家思考「延伸練習」的問題或指示，然後大家分享心得。也可以鼓勵組員將問題用作備課材料。無論如何，鼓勵大家在這時段分享該課的學習所得。

17 以「對話式禱告」(conversational prayer)結束聚會——以該課最後的「禱告」建議為基礎。求上帝幫助各人堅守所立的志向。

18 準時結束聚會。

小組的元素

一個健康的小組，不僅為查經而存在。當人們花時間聚集為小組，應考慮以下四個元素。

培　育：小組幫助我們在知識和愛上帝的事上成長。查經是這種成長的關鍵，也是小組的根基。

團　契：小組是基督徒彼此之間建立深厚友情的地方。在每次查經前後，要有非正式的交通時間。可以策劃一些活動或遊藝，讓大家彼此認識。也可到戶外郊遊，或在家做飯，共度快樂時光。

敬拜、禱告：大家一起藉著唱詩、禱告敬拜上帝，對查經會有助益。為彼此的需要禱告，並記下上帝怎樣應允小組的禱告；也求上帝幫助大家將查經所得應用在生活中。

外　展：向外接觸他人，是將所學付諸踐行的實際方式，亦可使小組不致單顧自己。大家不妨以朋友或鄰居為對象，舉辦討論福音的聚會；也可以為長者清潔家居，或在免費食堂服事，又或者在「仁人家園」（Habitat）做一天義工。

你可以在 *Small Group Idea Book* 一書找到這四方面的更多相關建議與幫助。關於如何建立小組，可參 *Small Group Leaders' Handbook* 和 *The Big Book on Small Groups*（這兩本書皆由 InterVarsity Press 出版）。請花時間讀完這兩本書的其中一本。

讀者意見表

緊扣時代 服事教會

以文字傳揚基督真道

衷心多謝你購買本社書籍。本社一直致力以出版事工服事教會，幫助信徒扎根於神的話語，促進靈命增長。為使我們的出版更能滿足你的需要，請填寫下列各項資料，並寄回或傳真予本社。

所購書籍：________________________________

本書最吸引你的地方：
☐作者　☐適切性　☐文筆　☐設計　☐實用性
☐其他：________________________________

購買本書地點：
☐基道書樓　☐基督教書店　☐非基督教書店

性別：☐男　☐女　職業：________________

信仰：☐基督徒　☐非基督徒

年齡：☐ 16 歲或以下　☐ 17～25 歲　☐ 26～35 歲
☐ 36～55 歲　☐ 56 歲或以上

學歷：☐中三或以下　☐中五　☐預科
☐大學　☐研究院

☐我欲更多了解基道出版社的事工及考慮支持，請寄給我下列資料：
☐機構簡介　☐新書資料　☐基道會員通訊
☐《基道文字事工通訊》

姓名：________________電話：________________

地址：________________________________

____

傳真：________________電子郵件：________________

其他意見：________________________________

____

多謝賜教！

基道出版社

意見表可以傳真（2687-0281）或直接郵寄以下地址：
香港沙田火炭坳背灣街26號富騰工業中心1011室
基道出版社編輯部收